음식과 연출 그리고 시

고요아침 운문정신 073

음식과 연출 그리고 시

이성희 시집

고요아침

| 시인의 말 |

시는 따뜻합니다. 시는 사랑스럽습니다.
30여 년 '식공간 연출' 학문을 연구하는 동안
자연의 식재료와 수많은 음식을 연출하면서
저의 내면에 묵혀두었던 생각과 감각을 꺼내어
정리하게 되었습니다.
자연의 맛과 멋을 늘 함께할 수 있었기에
『음식과 연출 그리고 시』를
한 권의 첫 시집으로 묶어보았습니다.

끝없는 연구 속에
늘 음식이 곁에 있고
시와 함께라서
제 삶은 충만하고 행복했습니다.

2024년 10월
풍암호수 곁에서
이성희

| 차례 |

시인의 말　　　　　　　　　　　　　　05

제1부 음식 싣고 달려보는 시적 열차

강진만 갯벌탕　　　　　　　　　　　13
늙은 호박　　　　　　　　　　　　　14
호박 조청을 담그며　　　　　　　　　16
송편　　　　　　　　　　　　　　　　18
떡국　　　　　　　　　　　　　　　　19
석작 이야기　　　　　　　　　　　　20
계란찜을 만들며　　　　　　　　　　22
멸치 육수　　　　　　　　　　　　　24
콩물　　　　　　　　　　　　　　　　25
다산茶山 밥상을 차리며　　　　　　　26
짚불구이　　　　　　　　　　　　　　28
고구마순 나물　　　　　　　　　　　30
짜장면의 향연　　　　　　　　　　　31
짜장면 찬가　　　　　　　　　　　　32
왕새우　　　　　　　　　　　　　　　34
장흥 삼합　　　　　　　　　　　　　36

돈덮왕	38
홍어	40
추어탕	41
미역국 점심	42
토마토 주스	43
멸치젓갈	44
파김치	46
배추김치	48

제2부 당신 참 이쁘다

강진 연가	51
엘로우 꽃길	53
내고향 강진아	54
사람 모습	56
밥 먹었냐	57
일출	58
폭설	60
삶	61
봄 손님	62

불두화 정원	64
꽃다발, 그 너머의 향기	66
옥수수 하모니카를 불며	68
하얀빛 하나 되어	69
무궁화	70
불두화는	71
웃음꽃	72
펑펑펑	73
통일 바라기	74
차창에 쓴 시	76
휴양림에서	78
참나무 열매 사랑	80
당신, 이쁘다	81
당신 참 이쁘다	82

제3부 사이와 사이의 세계

그 꿈	85
낭도狼島	86
무궁화꽃이 피었습니다	88

바다	90
잃어버린 계절	91
사이	92
꽃으로 피어	93
호수	94
애증	95
스크린 파크 골프	96
5월 장미	97
우정의 마음	98
여백	99
계절을 냄새 맡고	100
시혼	102
그리움의 기원	104
소나기	105
몽돌	106
퇴근	108
너의 부력	110
문인협회 사무실	111
사이와 사이의 세계	112
청개구리	114

제4부 시는 노래가 되어

내 고향 강진아 　　　　　　　　　　　116
함평 한우 비빔밥 　　　　　　　　　　118
삼겹살 볶음 　　　　　　　　　　　　120

해설_간결의 묘사와 재미있는 진술의 깊이/ **이지엽** 　126

제1부

음식 싣고 달려보는 시적 열차

강진만 갯벌탕

전설의 맛 남도 일 번지
강진만 갯벌탕

강진만 자연의 생태 보고
힘이 넘치는 짱뚱어

해와 달을 보면서
갯벌에서 춤을 춘다
새처럼 날으며 갈대밭을 누비며
사랑을 먹고 살아가는 짱뚱어

힘이 좋아 짱뚱어 강진만의 짱뚱어
맛이 좋아 짱뚱어 탐진강의 짱뚱어
남도 답사 일 번지 강진만 갯벌탕

늙은 호박

시골 장터
켜켜이 있는 늙은 호박
맷돌 같아서
맷돌 호박이라 부르나
참 정겹다는 생각이 든다
나이가 들어서인가

늙은 호박
웃음이 절로 나온다
껄껄껄…

환절기만 되면
기침을 달고 살고
기력도 없으신 어머님을 생각하며
늙은 호박 조청을 만든다

어릴 적에
아수라 백작으로 만들어 놓은 늙은 호박
내 마음의 아수라 백작 호박

호박잎은 채 썰어서 나물 반찬하고
꽃 수술로 립스틱 바르고
신데렐라에 나오는 왕자님
호박 마차에 꽂혀서
늙은 호박에 빗자루 겨누고
마법 주문을 외쳤던 기억들

추억을 먹고 익어가는
내면에 이글대는 이야기를
어머님의 마음을 섞어
늙은 호박 조청을 맛있게 담는다

호박 조청을 담그며

맷돌 호박 늙은 호박
호박 조청을 만든다
기력 없어 기침하는 어머니
내 간절한 기도를 바친다

유년에는
아수라 백작 호박이 산다
신데렐라에 나오는 왕자님

호박 마차를 타고
빗자루로 호박을 겨누며
마법 주문을 외치던 아수라 백작

노을빛 가슴을 활짝 열어젖힌
늙은 호박 속 씨앗들이 말한다

호박 조청은 어머니께
바치는 나의 사모곡이라고

그 노래는 강물 혹은 맨살의 은결
그 노래는 해제일 햇살 같은 봄바람

오늘밤
휘휘 저은 호박 조청물 한 잔
드시고 눈물 흘리실까
함박눈이 소리 없이 내린다

송편

추석에는 송편을 빚어
반달 모양에
꿈이 이루어지라는 소원을 담아
보름달처럼 차오르는 마음을 담아

우리의 전통 음식
조상들이 물려준 문화
빚고 빚어서 만들어지는
사랑과 정성이 담긴 음식

우리 가족의 이야기
조상들의 지혜와 사랑을
선물로 뭉쳐

안녕과 행운을 기원하는 떡

계수나무 아래 절구에서
쿵덕쿵 쿵덕쿵
거문고가 흘러나온다

떡국

새해가 오면 떡국을 먹습니다
하얀 떡이 끓는 국물에 담겨
새롭게 시작하는 한 해를 기원합니다
기원 속에 퍼지는 국물
따뜻하고 부드럽습니다

우리의 전통 음식, 떡국
오랜 세월 동안 전해져온 문화입니다
한해의 안녕을 소원하는 가족들 염원이
고기, 김치, 계란 등
다양한 맛과 향이 어우러져
지난해의 묵은 때를
씻어 줍니다

우리의 마음을 따뜻하게 만들어 주는
마음을 행복하게 만들어 주는…

석작 이야기

만지작만지작
오죽과 청죽의 대나무 석작
어느 것을 사는 것이 좋을까
대나무 석작은 격이 있는
선물을 담기에 알맞다

생각난다
어릴 적에 어머니가 초파일이나
설, 보름, 추석을 쇠고
절에 가실 때 석작에
쌀을 넣어 가시어
오실 때는 떡이며 과일 몇 개를 넣어 오시는
엄마를 기다리던
어린 마음이 가득
꿈빛으로 넘쳤다

선물은 예의가 있어야지
장인의 마음이 담긴
석작에

정성껏 만든 연잎 영양밥을
사랑하는 아들의 여자 친구에게
보내는 마음

어머님이 부처님께
바치는 공양물인 양
성스럽기까지 하다

계란찜을 만들며

가뭄 끝에 창밖에 단비가 내린다

언제든가 어린 자식들에게 먹이려고
냉장고에서 꺼낸 계란 세 알

참기름 바른 뚝배기에 풀어 넣고
우유 맛소금 후추 당근
매우려나 청양고추
갖은양념을 한다
더도 덜도 말고
계란물은 7부만

아이들아
너희들을 기르려면 엄마는 강불이 되어야 한다
기골이
갖추는 순간 불을 줄이마

어느덧 너희들은 부푼 풍선이 되어 훨훨
먼 미국 땅에 둥지를 틀고 어엿한 교수로 화가로

너희 영역을 만들었구나

이제 우리 만나면 보들하고 야들한
엄마의 이 계란찜 먹으며
어린 시절을 이야기하자

어느새 계란찜에 쪽파 고명을 얹어야겠다

아직 창밖의 비는 그치지 않는다

멸치 육수

푹푹 끓여라
그러나
너무 오래는 말고

나도 한때
저 너른 대양
떼거리로 누비던
눈부신 리즈 시절이 있었다

세 치도 안 되는 몸
끓는 물에 던져
입맛을 돋우다니
황송하기만 하다

푹푹 끓여라
너무 오래는 말고
나도
이런 여름밤엔
그런 사랑 한번 해보고 싶다

콩물

역시 여름철이면
콩물국수 한 그릇
엄지 척이다

열무김치와 곁들어 먹으면 그만이다
더위 피하는데 더 좋은 피서 전략이 있을까

풍미 더할 볶은 땅콩
깨를 슬쩍
걸쭉하고도 묽은 사랑 한 스푼

밭에서 나는 소고기로
단백질을 충전하는 여름살이에 콩물 엄지 척이다

내 어머니 콩물 레시피
나의 살과 **뼈**를 만들었다

이 여름 친정집 감나무 그늘 평상에서
별미 콩물국수 호르륵 면치기하고 싶다

다산茶山 밥상을 차리며

만덕산에 두견이 우는 춘삼월
냉이 된장무침 두릅 막걸리 초장이 향그럽다
누가 행여 몸 상할까 보릿국과
밥 한 숟가락을 넣은 낙지탕탕이
스치는 봄바람 결도 입맛을 돋운다

저 먼바다 물결이 반짝인다
보리밥 반섞이 보리 열무김치 풋고추
누가 행여 여름살이 더위 먹을까
바지락회무침 우무채 밥상에 올렸을까

구강포의 가을 갈대 서걱이면
노을 내린 가우도 황가오리회 맛본 사람
어찌 강진의 가을 밥상을 잊겠는가
전어구이 내음에 사람들이 골목길을 채운다

눈 내리는 탐진강 개어귀에 서면
임금님 제사상에 올랐다는 목리장어구이
이 손맛 어진 사람 또 누굴까

따끈한 갯벌탕으로 응어리 녹여주는 사람은…

다산의 밥상에는 인의예지신仁義禮智信 놓이더니
사계절 절의와 애민愛民의 꿈이 차려지고
살맛 나는 사람들의 웃음소리
민초들 등 어루만지는 따사한 이야기 소리 정겹다

짚불구이

어버이날 생각난다
아버지의 소갈비
월급쟁이 자식들을 생각해서
한 푼 두 푼 모아
칠 남매 맛보게 하던
아버지의 마음

아버지 떠오르자 멍멍해진다
13년이 흘렀어도
마지막 유언이 귓가에 떠돈다

"고맙다 기호 에미야 고맙다"

언제까지 배워야 한다며
학도노學到老를 실행하던 아버지

큰절드리고 싶다

오늘 짚불구이 먹으며

목이 메어 넘기질 못했다

아버지와 자주 가던 그 식당
점심 식탁에 오월 바람이 싱그럽다

고구마순 나물
— 여름 소울푸드

여보, 우리 여름 보약
먹을까

고구마순 나물을
그이 앞에 내놓는다

여름살이에 입맛 없다던 그이

빨간 고구마순
껍질을 벗고 데쳐
부들하게 나물로 무쳐낸다

잔손질의 섬유질 덩어리 구수한 나물 한 젓가락
밥 위에 얹는다

화평한 식탁을 마련했던 선조들의 지혜가 여름을 이긴다

담 너머 느티나무에서
매미가 와악 울어 제낀다

짜장면의 향연

짜장면이 등장하면
맛있는 향기가 가득 차오른다
고소한 춘장과 쫄깃한 면발,
달콤한 야채와 고소한 고기가 어우러진다

면발을 휘감아 한 입에 넣으면
입안 가득 퍼지는 풍미에 감탄
후루룩 후루룩 환호한다

추억과 향수를 불러일으키는 음식
가족과 함께 먹는 시공은
행복꽃이 피어난다

멀리 떠난 자식들
엄마 아빠 찾아오는 날
온 가족 둘러앉아
맛 향을 도순도순 나눠 주는
행복의 전령사 짜장!

짜장면 찬가

하얀 면발에 검은 옷 입은 짜장
그 맛 일품이더라
아이들 마음을 사로잡는 맛
담백한 감칠 풍미가 입안에 퍼지면
세상의 걱정은 사라진다

한 젓가락 두 젓가락
면발이 입속에서
춤을 춘다

짜장면 한 그릇에 담긴 행복
공부도 놀이도
작은 꿈이
아이들 입술에서 범벅되어 피어난다

세상을
탐험하는 모습은
짜장면의 찬란한 기적을 보여준다

오
위대한 힘
아이들의 꿈과
열정을 채워주는
행복 제조 짜장이여

왕새우

푸른 바다의 왕새우
큰 몸집과 화려한 색깔은
바닷속에서 위엄을 뽐내는 왕

담백하고 신선한 속살로
우리 입가를 사로잡는 왕새우여
당신은
쫄깃한 식감과 풍부한 영양을 선사하는
매력덩어리

혀끝을 감싸는
고소한 향은
아름다운 여인
풍미의 품
그대롭니다

엄지 검지 젓가락질
쓰담쓰담
신선함이

애식가 심장을 뛰게합니다

소망과 기쁨을 나뉘는
그대는
맛으로 진실을 주는 진정한 친구

일곱 빛깔 무지개
식탁 위에 떠 있습니다

장흥 삼합

정남진 바닷바람 장흥 천지 휘감아
물안개 아련하게 어머니 품처럼 감싼다

그 품 안에서 빚어지는 장흥 삼합 브랜드
키조개, 한우, 표고버섯으로 조합한
영양 덩어리여

키조개의 쫄깃하면서도 고소한 식감
한우의 질 좋은 단백질 공급원
표고버섯의 고소한 풍미
비타민과 미네랄

영양의 균형을 이루어
입안에 향연을 펼쳐주고
평온함을 안겨준다

풍요롭고
건강한 삶
시대를

초월하는
삼합의 매력이여

먹어도 먹어도
살찌지 않는
신비의 음식
불로장생 꿈꾸던 중국의 진시황도
즐겨 먹었던 장흥골 표고버섯
신이 준 선물, 불멸의 레시피

돈덮왕

신선한 야채와 돼지고기
향긋한 향 가득한 밥
볶은 소고기
한 그릇 풍미를
시각에 담습니다

보기 좋은 떡
먹기 좋다는
선현의 옛말 떠오릅니다

맛도 왕
영양도 왕
한입 느껴지는
고소한 참기름 매콤합니다
어우러진 양념
맛의 향연을 연출하지요

덮밥 한 그릇의
행복 의자

우리의 건강이
앓습니다

오늘
나는 돈까스의 대미
숯불 향에 취하는
식사에 초대됩니다
왕덮밥
돈덮왕

홍어

깊은 바다 향
삭힌 사연이 알싸하다

곰삭은 남도의 손길
탁배기 한 사발
덥석 부딪칠 때

톡 쏘는 이 맛
흥취는 저절로

맺힌 가슴 트인다

추어탕

시원한 국물에 몸을 담그고
미꾸라지의 부드러운 살결이
혀를 감싸 안아준다

한 숟가락 가득 떠서
입안에 넣으면
몸과 마음이 따뜻해진다

자연의 맛과 영양이 담긴
뚝배기 한 그릇

뻘에서 자라
힐링 주는
삶을 선물하는 신토식이여

미역국 점심

대접에서 출렁이는 바다의 향기
뜨겁고도 푸른 국물이 식도를 타면
그대의 마음이 내 몸을 풀어요

붉은 미역은 내 가슴처럼 불어
공기밥 한 숟갈에 별자리가 뜨지요

오후를 향해 달리는
여러 빛깔 반찬들

풋고추 열무김치에 사랑을 쓰고
백김치 싱건지에 우정을 쓰고
겉절이 붉은 김치에 그대와 나 속삭임이
바다 한 사발을 비워냅니다

토마토 주스

나를 갈아주세요
그대가 나를 갈아 줄수록
나는 더욱 튼튼한 효소가 됩니다

그대의 몸속을 흐르며
혈관 속 노폐물을 청소하고
침입해 오는 무수한 적들을
무찌른답니다

그때마다 마늘과 양파를
보상으로 내려주세요
그러면 더욱 힘차게 흐를 거에요

나를 갈아 훌훌 입맞춤해 주세요
꿀꺽꿀꺽 마셔주세요

그대여!

멸치젓갈

멸치젓은 김치 양념의 으뜸
그 향과 맛이 일품이다
바다의 향기 품은 동해 바다 청정 멸치
신안 천일염 사랑을 뿌려 삭혀내면
젓갈로 만들어져 더욱 맛있다

풍부한 영양소를 담고 있어
건강에도 좋은 음식이다
소화도 잘되고 면역력도 높여주며
잃어버린 입맛도 찾는다

한국의 전통 음식 중 하나로
오랜 역사를 가지고
지역마다 다양한 액젓

덥고 습한 날의 입맛에
짭조름한 맛을 더해
소화력에 힘을 보탠다

김치, 나물무침, 겉절이, 생채 등
다양한 요리에 활용되어
맛을 더욱 풍부하게 진가를 보여준다

김치뿐 아니라
돼지고기와도 찰떡궁합
궁합 속에 민족혼 맛이 깃들어 있다

그 맛을 즐겨보자
구수하고 담백한 밥도둑, 그 맛

파김치

부드럽고 달콤한 조화로
입맛을 사로잡아
향긋하고 시원한 감칠맛을 주는
너는

영양가도 만점
비타민과 미네랄이 풍부하여
피로를 풀어주고 면역력을 높여주며
소화를 도와 장에 활기를 준다

고슬고슬한 밥 위에 파김치 한 조각
입안 가득 퍼지는 풍미에
밥도둑이라 부르는 너

너의 그 매력에 빠져
밥 한 그릇을 순식간에 비워버리고
향과 맛에 취한 행복으로
포만감에 젖는다

식도락가의 마음을 사로잡는
파김치의 매력이여
한여름 무더위도 쫓아내는
너는

몸 건강의 매력덩어리…

배추김치

나는 한민족 핏줄이 흐르는 배추김치
매콤하고 시원한 그 맛에
밥 한 그릇이 순식간에 사라져

재료는 자연의 산물들
배추, 고춧가루, 젓갈, 양념들로
손질하고 버무려
김치통에 가득 담아

김치 하나면
밥상이 풍성해지고
가족들과 함께 먹는 그 맛은
최고의 행복이 된다

행복 배달부 배추김치
엄마의 향기여!

제2부

당신 참 이쁘다

강진 연가

이 골짝 저 골짜기 산을 끼고
흘러와
남도 바다 안겨 속삭이는
탐진강아
강진을 보았다고 잊지 말고
전해주려무나
누가 울린 순정이냐
백련사에 피는 저 동백
까막섬 밤바다에 별빛 내리면
강진만 갈대밭에 갈매기도
날개를 접는다

사투리도 정다운 청자골
마을에
돌아가는 물레 소리 발장단을
보았다면
강진을 안다고 동네방네
자랑하세요
마량포구 부둣가에 고동 소리

슬피 울적에
가우도 출렁다리 하늘에 안겨
오는 이 가는 길손 소매 잡는
내 고향 강진아

* 이 시를 김병걸 가수가 작곡하였으나 아직 노래로 불리지 않고 있다.
  노래할 가수를 찾는 중이다.

엘로우 꽃길

청정한 노령산맥
산 기운 듬뿍 받아
자연이 준 사랑 뚝 뚝 뚝

황금물결 춤을 추며
꿈과 희망이 가득한
엘로우 꽃길 거리

사랑의 향기 가득 담아
잊혀진 임 보러 여기 왔네
사랑 찾아 장성에 왔네

엘로우 시티 거리
나는야 사랑을 찾아 다시 왔네
오늘도 오늘도 꽃길을 거니네

내고향 강진아

우두봉 강진골에 해 뜨면
탐진강물 흘러흘러 바다로 가네

백련사 동백꽃
이슬 맞고 피었네 가우도 출렁다리
갈매기도 춤을 추며 오는 사람 반겨주네
저 바다를 바라보니 내가 자란 정든 고향
언제나 가고 싶은 어머님 품속 같은
내 고향 정든 사람 구수한 사투리에
인정이 넘쳐흘러 살기 좋은 내 고향
내 고향 강진아

청자골 돌고 도는 물레 소리에 사랑을 속삭이네
까막섬 밤바다에 노을이 지면
탐진강과 마량포구 그림 같은 곳

강진만 가는 길목 만덕산에 노을 지고
코스모스 하늘하늘 갈대밭에 맺은 사랑

영원히 잊지 못해 새들에게 물어볼까
꽃잎에 몰어볼까 내 사랑 어디 갔나
꿈에서도 늘 그리는 살기 좋은 내 고향 강진아

사람 모습

시간도 익어간다
사람도 익어간다

달콤한 모습도
아픔의 모습도

쓰나미 같은 오후 4시
익은 하루 아픔과 상처

쌓인 일상이 주는 선물일까
사람 모습으로 익어간다

밥 먹었냐

기도 밖에 모르는 어머니
햇전어 앞에서 허둥대는
젓가락질

회 초장이 흰 블라우스에
주르르 흘러내렸다

가을 몇 번 지나면 백 살 진지 드실
느린 시계가 된 어머니
새벽 두 시
또 전화벨 울린다

밥 먹었냐

일출

아침 밥상에 해가 뜬다
달짝지근한 푸른
섬초 사이로
계란 후라이 한 개

몸속의 어둠을 쫓아낸다
내 몸이 두둥실 흰자위에 실려 떠간다

자택 치료 중인 코로나 블루
쓰윽 밀어내는 태양의 눈
치료약 처방제 계란 후라이 한 개가
마른 굴비 눈을 가린다

온몸으로 견뎌낸 하루가
나를 만들어간다
어제 하루 귀를 씻을 일은 없었다

내일 아침 밥상에도 희망의 해가
어김없이 뜰 것이다

저 태양의 눈
나의 몸을 지켜줄 수호천사

검은 옷칠 젓가락으로 집어든다
내 단전의 힘을 믿는다

백련 뿌리 숭숭한
구멍 속으로 아침 밥상에 해가 뜬다

폭설

밤새 눈이 퍼부었다

팔 벌려 눈 받아 안던 소나무

한 팔을 와지끈 부러뜨렸다

삶도 이처럼

시간이 익어간다

사람도 상처를 받으며 익어간다

아직 눈은 그치지 않고

섣달 바람이 환지통을 스쳐간다

삶

삶은 세월과 실수에 의해 발견된 이야기
백지에 쓴 이야기 다 마를 때까지
마음은 유화로 가슴은 수채화로
인연을 맺어간다

인연의 주인공은 관계
관계를 둘러싼 모든 것에 퍼즐 게임을 할 때
감정의 구도들은 하나의 앵글 속으로 연결 된다

행복한 삶 되세요
삶은 되는 것이 아니라 만드는 것이지
의례적인 말들을 비틀수록
관계 속 대화의 주인공이 되는 것

삶은 여행과 같아
한 걸음 한 걸음 발걸음에
묻어 있는 먼지를 훌훌 터는 것이다

봄 손님

가늘게 빗소리 들린다
가만히 번져가는 미소
창에 매달린 빗방울이
떨어질 듯 떨어지지 않고
여린 마음을 흔든다
저 영롱한 눈빛
어디서 귀한 소식 당도할 듯한데

깊은 산에
산자고 꽃
봉오리 터지고

강가 오리
떼 지어 놀고

아이들은
봄바람을
가르며 뛰논다

봄 손님 오시려나
봄비 맞으며
꽃 모종 심는
아낙들 웃음소리

꽃피는 소리 향그럽다

불두화 정원

흰 고봉밥꽃 피는 뜨락
오손도손 정겹다

자식들 웃음꽃 따라
행복한 꽃처럼 웃는 어머니

강진 우두봉
꽃 빛깔 노을이 눈에 어린다

그래서 더 절절한 어머니꽃
불두화 정원

자리에 누운
어머니를 위해
잉어를 잡아 들고 오는
막냇동생이
불두화 꽃을 헤치고
걸어 오는 오월

곱슬곱슬한 머리
연초록 흰색 누런빛
저고리 갈아입고
어머니 부처님 만나시는 날 때쯤
다정다정 고개 끄덕이며 오시는 꽃

꽃다발, 그 너머의 향기

향기뿐만 아니라 당신의 땀 내음까지
안아봅니다

꽃 빛깔뿐만 아니라
당신의 겨울까지
품어봅니다

혼자 걸어온 길
그러나 함께 살아온 길에 저절로 피어난
꽃송이들

말 없는 고백에 고개 숙여 한 번 더
흠뻑 당신의 향기를
마셔봅니다

사랑합니다 라고 쓴 당신에게
사랑합니다
소리내어 읽습니다
사랑의 울림은 사라져도

그 여음이 다발다발
꽃으로 피어납니다

그 너머 선으로 차마 그을 수 없는
능선, 아스라한
향기가 나를 울립니다

옥수수 하모니카를 불며

제 생활의 터전이 된
미국으로 가는 아들
뒷모습이 아려온다
어릴 적 아들은 옥뚱뚱 옥뚱뚱하며
옥수수를 퍽 좋아도 했다
하모니카를 불듯 옥수수에 입술을 대본다

옥수수를 먹으며
눈 밝고 건강한 몸을 기른 한 살 모자란 마흔 살 아들

아들아 옥수수의 페롤산이 900배가 되는
115도 그런 열정으로 살아가거라
엄마의 기도는 옥수수처럼 항암제이고
치매 예방에 효험이 있단다

한 알 한 알 먹는 옥수수
하모니카 둘이서 불던 추억 너머로
여름 끝자락
어디선가 귀뚜리가 운다

하얀빛 하나 되어

안고 싶은
안기고 싶은
꽃들의 잔치
포근하다

어쩜 이다지도 숭고할까
마음 한 켠 환히
네 빛처럼 일렁이는 가슴

하늘의 눈물방울 방울이
깊고도 깊은 미소로
천지를 감싸 하나 되니

아
오늘이 무슨 날이런고
첫사랑 추억 속으로
달려가고 있는 날

무궁화

고향집 무궁화 피었다
성못길 걸으며
꽃과 술래잡기한다

아버지 기침
들풀은 놀란 듯
소리 따라 노래한다

8월 볕에
배어나는 연분홍 잎
무궁한 아버지 삶이었다

한더위 땡볕 아래
무궁토록 피어나는 빛부심이여

백의의 가족처럼
탐진강 강물 따라
피었다
무궁한 무궁화꽃이

불두화는

오월
어머니께 바친
흰 고봉밥 꽃피는
뜨락이 정겹다

우리 웃음꽃이 제일
행복하다고 따라 웃던
어머니

오월
푸른 산그리메가
눈동자에 어린다

불두화 꽃 흔들리는
오월이면
더 절절한 어머니

신부가 저만치 부케를
한 아름 안고 웃으며 걸어온다

웃음꽃

따스한 미소로
다가오는 당신

멀리서 보아도
가을 햇살처럼
행복이 익어간다

하루의 시작 꽃

핑핑핑

그립다 핑
기다린다 핑
보고싶다 핑
너와 나 만날 때도
핑핑핑

통일 바라기

손에 손을 잡고 함께 걷는 그날은
화합과 평화의 땅을 찾는 날이다

그 땅을 찾는 길
서로를 이해하고 존중하는 마음으로
한마음 한뜻으로 나아가는 길이다

하나가 되는 우리
분열과 갈등을 넘어서는
통일의 꿈인 것이다

그 꿈을 위해 우리는
가슴으로 노래하는
길을 걸어가리라

배달의 품을 넓히고
서로를 이어주는 연결고리로
솔기에 얽어 밧줄로 꿰매고
행복의 향연을 펼치리라

그날을 향한 우리의 길
환희로 피어나는 길이 되리라

아
통일 바라기, 저 바람
오늘도 휴전선을 넘는다

차창에 쓴 시

갑사를 향해 달리는
KTX 차창에 아침 해 뜨면
사색은 고요히 날개를 펴고
호남평야 들녘 스치는 풍경에
눈빛을 내려놓는다

이른 아침 용솟음치는
금빛 하늘 가슴에 담아
천안행 열차에 실은 몸

창문 너머 녹음 짙은
한 폭의 그림들
눈이 호강하고
마음은 홀가분한 춤을 춘다

시간 가는 줄 몰랐던
설렘을 연시처럼 읊조리다
경유지 천안에서
나는 열일곱 처녀처럼

볼 빠알갛게 홍조를 띠운다

녹음방초 갑사댕기 가슴에 달고
계룡산 서쪽에 모이는 사람들
그들은 저마다 논문을 쓰는가

포럼의 설렘을 헤아리며
사랑하는 사람아
나는 지금
내일을 설계할
너와 나의 사랑 레시피에
행복을 재운다

휴양림에서

흑석산 공기가 부르네
호흡하며 놀자고
계곡물 소리에
장단 맞추어

엄마는
더듬더듬 계곡물에
발을 샤워하며
미소가 가득한 얼굴에
다섯 살 소녀 되었네

지나간 세월 부르고 싶지만
굽이굽이 산길이라

산새들
물소리에 장단 맞추고
잠자리는 춤추며
행복을 알리네

엄마의 행복이
내 마음이고
내 행복이
엄마의 마음이네

참나무 열매 사랑

무뚝뚝한 도토리에
물그녀를 섞고
천천히 저으며 중간 불에 끓인다

서로 뭉치면서 불타는
갈색 사랑이 싹트기
시작한다

애정을 쌓아
퍽 퍽 소리의 기포
하나의 몸 된다

덩어리 묵 열매 사랑
간장 양념 뿌리면
그 맛
싹트는 하루

당신, 이쁘다

그린비 당신
머무는 곳에
한 걸음 한 걸음
내딛는 나의 모습
가슴으로 안아
본다
활짝 핀 당신 보며
당신 참 이쁘다

당신 참 이쁘다

그냥 아름답고
그냥 좋고

그냥 그냥
참 이쁘다

당신!

제3부

사이와 사이의 세계

그 꿈

그립고 그리웠다
그리움은 보고픔이 되었다

그러나 보지 못하는
머나먼 거리
꿈속에서는
손잡을 수 있는 거리였다

손을 잡는다
꿈속에서

그 꿈
그대와 나
사랑이 되고
눈물이 되고
아픔이 되고

낭도 狼島

여우에게 가보자
여우에게 가보자

대교 아래 포말이 늑대들을 유혹하며 거품을 물 때
백리섬 섬길 따라 나는 달렸네.

여우에게 잡아먹히고 싶어 잡아먹히고 싶어
질주의 본능을 잠시 멈추고

온순한 양가죽 백구두 신고
사알짝 사알짝 낭도 뱃길 엿보았다네

파도도 길 비킨 여우에 홀린 늑대들
다투어 뱃길에 오르나

어이 할꼬 어이 할꼬
낭도엔 여우 한 마리 찾아볼 수 없고

늑대들만 우글우글 판치고 있었네

저기 저 배 카페에 물어보자

여기 널브러진 늑대들은 어디서 왔는지
파도만이 철썩철썩 알아들을 수 없는 대답을 하고

해무 자욱한 낭도의 배 카페엔
출몰한 늑대들만 붉은 눈 굴리고

여우오줌과 섞어 탄 냉커피에
한숨을 시럽처럼 꿰매고 있네

늑대들 우글거리는 낭도에…

* 낭도는 전남 여수시에 위치한 섬으로 고흥과 여수 사이에 있는 섬들을 연결한 대교 중, 하나의 섬. 연육 되기 전 고흥에서 여수까지는 시외버스로 2시간여의 운행 시간이 소요되었지만 대교의 개통으로 인하여 30분으로 단축. 그 섬들의 땅값이 도시지역의 토지 가격과 같은 가격으로 껑충 뛰었고 투기를 위하여 타지의 투기꾼들이 몰려들고 있다. 낭도는 여우섬인데 늑대가 우글거리고 있는 셈이다.

무궁화꽃이 피었습니다
— 휴전선 지뢰 제거 뉴스(2018.10.20)를 듣고

송이송이 피워내
이 강산을 노래하는 꽃

피는 자리 구분 없이
이 땅의 어디에나 피어나는 꽃

백두에도 피고 한라에도 피고
오백 년 도읍지 개성에도 피는 꽃

삼일 만세에도 육십 만세에도
사일구에도 오일팔에도
시공을 넘나들며 피는 꽃

꽃송이에 얹힌 햇살이
더욱 찬란해지는
한여름의 땀방울은
반만년을 이어온 민족의 혼이어라

꺾어도 꺾어도 그 혼, 한 줄기 바람으로

정다운 이 강산에 살랑이며
우리의 귓가에 속삭이는 말

"우리는 하나"
오천 년 역사의 함성이 불멸의 연가로
무궁화꽃이 피었습니다

어머니 가슴 같은 이 땅 위에
연인의 입술 같은 그 향기로
무궁화꽃이 피었습니다

동족상잔의 아픔을 딛고
전선의 지뢰가 녹아
역사의 고운 흙 되어
무궁화꽃을 피웁니다

오!
사랑하는 핏줄이여
이 땅에서 숨 쉬는 형제여

바다

괜찮다 괜찮다
안아 주는 너

울지마 울지마
함께 울어 주는 너

사랑한다 사랑한다
기쁨을 선물하는 너

내 가슴, 출렁이듯
출렁이며

마음 달래주는
너!

잃어버린 계절

겨울로 넘어가는
가을 끝자락

철 잃은 국화 향
서리 빛 입김을 불고

계절의 그림자는
국화 송이에 얹혀 앉는다

환절기마다 내 마음 타던
그리움

그런 그리움엔
계절을 잃은 꽃들이

노숙하는 삶처럼
저녁노을 흔들더라

동국화 서리 품은 늦가을
밤이슬에 젖누나

사이

틈도 아니다
간격도 아니다

너와 나 사이
품을 수 있어 사이다

우리 사이
함께할 수 있어 우리다

꽃으로 피어

꽃으로 피어 꽃으로 피어
시와 날자

언제나 꿈 가득
꽃이 되고 싶어라

한겨울 지나 새싹 돋는 봄날
꽃들이 지천에 흐드러지듯

사뿐사뿐 꽃나비 불러 모아
꽃 중의 꽃 되련다

꽃으로 피어 꽃으로 피어…

호수

호수에 뜨는 달
물비늘과 눈 맞춘다

사연 사연을 물결로 띄워
재우지 못한 미련을 안고 있다

새벽은 아직인데
여름밤은 호수에 잠겨
세레나데를 부르고

악보 편곡을 다하지 못한 밤
기우는 달을 안고
호수가 여름밤을 토한다

어디선가 달빛 젖은 눈물이
소리 없이 흐느낀다

애증

상현달 여백을 채우고
하현달 여백을 지운다
보름달 여백을 꽉 채워
그만, 나의 숨을 막아 버린다

너도 그렇다

애증은
상현달로 시작하여
보름달이 되었다
하현달이 되는 것

스크린 파크 골프

OB는 계속된다
홀인원을 향해 달리는
임팩트

너와의 키스가
너무 뜨거워서일까?

스크린 파크 골프장에 가면
어긋난 사랑만을 보여주는
열정

그렇게 땀 흘리고
돌아서는 날

내 몸에 딱 맞는 웃음을 꺼내
허공에 흔든다

OB의 보상
알바트로스에…

5월 장미

우리 학교 정원에 핀 5월 장미
장미 축제 노래에 맞춰
웃을 수 없어

광주의 5월이 마냥 떠올라
살갗의 열꽃이 가시처럼
짜릿해

뜨거운 여름을 예감한 듯
꽃봉오리 붉다 못해
노래지는 빛깔

상춘객 가슴에 번져
슬픔도 환희도 하나 되어
번지는 5월의 장미

우정의 마음

주차하고 운전대에 머리 숙여 눈을 감으면
여러 빛깔이 하나씩 몸속을 파고드는 색상들
아주 빠르고도 느리게
나는 그 색상들에 섞여 있다

우정은 하나라는데
빛깔은 여러 빛깔

색깔 따라 요동치는 마음
빗속의 그림자 아닌
빛 속의 그림자가 운전대를 놓는다

차 안의 라디오에선
알 수 없는 가수의
'친구야' 노래가 흘러나온다

여백

하루를 마감하고
비워 둔
내 생의 일기장에

얼굴을 숨겨두고
다음 날 새벽 4시에
비워 둔 여백을 채운다

더 이상 메꿀 수 없는
공간이 될 때까지

긴 식탁에 앉아

또 하루의 시작이
도마 위에서 퍼덕이는 걸

싱크대 수도꼭지가
비틀고 있다

계절을 냄새 맡고

변절기마다 물씬거리는 냄새
그 냄새에 서성이는
알 수 없는 것들

사라지는 냄새와
다가오는 냄새

보도블록을 딛는
구두 소리에 올라타
앞가슴 브로치를 조인다

자동차 경적이 스카프를 졸라매는 코는
침묵으로 벌렁인다

계절과 계절 사이에서 창을 열면
들뜬 냄새는 다정한 이야기로 속삭인다

코 속을 간질이는 계절 향은
깊이 박혀

봄 여름 가을 겨울 꽃으로 피어

허한 가슴에 그리운 그 사람 향기를 실어
실루엣을 펼친다

아
계절의 냄새 실루엣

시혼

존재의 생몰을 고뇌하는 밤
나는 독백의 사유로 시를 쓴다

구겨진 원고지에도 혼은 있는 것
찢긴 휴지처럼 중얼거리기 위해
나는 너와 만난다

그리고 너를 만나면 열린다
너처럼 구겨져 보고 찢겨져 보려고…

그렇게 완성한 백지 속에는
아무도 살지 않았고
배고픈 시혼만이 꿈속을 헤매고 있다

내가 사랑하는 사람은 어디에 있을까
원고지는 그 답을 주지 않고
아픔을 준다

아픔 뒤에 오는 사랑의 감성

비로소 만나서
나를 끌어당긴다

시혼의 바닥 뚜껑이 열리면서…

그리움의 기원

긴 고독 끝에
타들어 간 가슴은
밤하늘 은하에 눈물을 쏟았다

눈물에서는 별빛의 향이 났다
캄캄한 반짝임

점멸하는 빛 속에
달빛은 가슴을 파고들었고

외로움은 머언 훗날보다
얼마나 오래된 것이었을까

고독은 낮을 배제한 밤의 합창으로
바람과 열애하는 추녀 끝 풍경을 흔들었다

소나기

번개가 친다
성난 하늘
화가 잔뜩 났다

천둥
우박 몰고
때리는 비
나의 가슴을 친다

힘내 힘내
견디고 견디면
지나간다

지금 이 시간도

몽돌

파도의 울음을 먹고 사는 해변 몽돌밭엔
해풍이 흔들고 간 가지 끝에서 해당화가 피어나고
해송 한 그루 긴 그늘을 해당화 꽃잎에 걸친다

아직도 더 깎이지 못한 몽돌은
적막도 그늘도 몽돌밭을 밟는 달빛까지
아득하기만 하여

가슴안에 스며든 파도의 철썩임이
비바람 몰아치는 태풍처럼
못을 박아주고 가서일까

그날부터 웅어리는
조금만 뒤척여도 굳어만 가더라고
낯빛은 검게 검게 타들어 가더라고

그렇게 각진 가슴이 세파의 혼령 같기도 했지만
뒤엉키고 껴안다
긴 세월을 몽글몽글 둥근 꽃으로 피어나는 건

오뉴월 냉기에 오로지*
해당화 꽃으로만 피워낸
내 가슴의 그리움만은 아니었다

* 오뉴월 냉기에 오로지 : 송영희 시인의 시 「홀연」에서 인용.

퇴근

학교에서 강의를 마치고
집으로 가는 승용차에 몸을 맡긴다

차 속 스피커에서 흘러나오는
잔잔한 음악에 마음을 적시고

신호등 빨간 불빛 앞에선
수업 시간 끝 종처럼 강의 끝내듯

왼발에 힘주고 오른발은 쉬고…

출발 신호 푸른 불빛에
나의 흐린 시야를 씻었으나

피로가 쌓이도록 열강하고도
어딘가 채워지지 않은 마음 한구석

차창을 열고 시원하게 불어오는
바람과 열애하고

눈망울 초롱초롱 나의 강의를
머릿속에 담는 학생들의 열정을

저녁 식사 가족들과 함께
맛있는 반찬 양념으로 할 때

노곤한 내 한 몸
어느덧 따끈한 한 모금의 차에

내 마음 가득 행복이 스민다

너의 부력

하루의 일과를 마치고
잠깐의 휴식을 의자에 앉히면

머릿속 사색은
고독으로 거미줄을 친다

길 잃은 고독이 거미줄에 엉켜
공허한 시간에 매달리면

은하를 건너는 견우의 오작교가
강진 가우도 출렁다리처럼

출렁이는 몸속, 너의 부력
고독 속 방랑자가 되어

밤새 뜬 눈으로
북극을 감싸는 남극을 감싸는

오로라 빛 속에서
끝없는 촉수를 더듬는다

문인협회 사무실

물어물어 찾아간 곳

수줍어하는 책
어설프기 짝이 없는 책
보이지 않는 책

가을을 노래하며
누굴 기다리는지…

사이와 사이의 세계

입술과 입술 사이 가슴과 가슴 사이에서
천둥번개가 내리친다

입술에 솟는 혓바늘 가슴에 심어지는 몽돌
이럴 땐 조용히 눈을 감아본다

돋아 솟는 혓바늘과 심어지는 몽돌이
각기 따로 놀 때
내 모습 보기 위해 거울을 보면
혓바늘은 보이는데 가슴 속 몽돌은
볼 수 없다

보이는 것은 사라질 수 있다는
그러나 볼 수 없는 것은 사라지지 않고
사이와 사이에 스며드는 시간 속 세월로
서로의 굳어진 앙금을 헤아리고

상처와 아픔이 몽돌 크기를 재듯
고요히 사색하는

어둠의 침실 안으로 자라나는 가지가
감은 눈 속으로 파고들면
사이와 사이에 불던 훈훈한 바람을 생각한다

그 바람 불던 지난날 속에서 내일을 꿈꾸던
별처럼 흐르는 은하수를 생각하다 그만
아려오는 가슴에 양 주먹을 두드린다

그렇게 양 주먹으로 가슴을 안마하면
사이와 사이에 헤아리지 못하는
뇌성의 세계가 잠재하나
사랑하는 사람의 그림자를 움켜쥔 채
햇볕을 쬔다

청개구리

너무 고요하다
고요할수록 논에서 우는
청개구리의 울음소리는 요란하다

너도 그렇다
고요할수록 너의 메아리 요란하다

시간의 먼 끝을 데려와
천둥 번개 치는 밤 속에

침묵을 배웅하고
빗소리를 모아 너의 귀청을 뚫어준다

청개굴아…

제 4 부

시는 노래가 되어

시는 노래가 되어야 한다는 것이 나의 지론입니다
노래가 된 나의 시 QR코드를
스마트 폰 카메라로 감상해 봅니다

① 스마트폰 카메라 렌즈에 QR코드를 촬영하듯 가깝게 접근해 보세요.
② 하단 웹 주소 창을 터치하면 유튜브 영상 바로가기가 됩니다.
③ 노래를 감상해 보세요.

내 고향 강진아

우두봉 강진골에 해 뜨면
탐진강물 흘러흘러 바다로 가네

백련사 동백꽃
이슬 맞고 피었네 가우도 출렁다리
갈매기도 춤을 추며 오는 사람 반겨주네
저 바다를 바라보니 내가 자란 정든 고향
언제나 가고 싶은 어머님 품속 같은
내 고향 정든 사람 구수한 사투리에
인정이 넘쳐흘러 살기 좋은 내 고향
내 고향 강진아

청자골 돌고 도는 물레 소리에 사랑을 속삭이네
까막섬 밤바다에 노을이 지면
탐진강과 마량포구 그림 같은 곳

강진만 가는 길목 만덕산에 노을 지고
코스모스 하늘하늘 갈대밭에 맺은 사랑

영원히 잊지 못해 새들에게 물어볼까
꽃잎에 물어볼까 내 사랑 어디 갔나
꿈에서도 늘 그리는 살기 좋은 내 고향 강진아

작사 : 이성희
작곡 : 이철민
노래 : 강　진

함평 한우 비빔밥

바람이 분다 함평 비빔밥
맛난 바람 솔솔 불어온다
한번 맛보면 잊지 못하는
함평의 한우 비빔밥
대한민국 전라남도 함평의 한우 비빔밥
그 맛의 노래를 너와 내가 부른다
어서들 오세요 드셔보세요
함평 한우 비빔밥

(후렴)

바람이 분다 함평 비빔밥
맛난 바람 솔솔 불어온다
한번 맛보면 잊지 못하는
함평의 한우 비빔밥
대한민국 전라남도 함평의 한우 비빔밥
그 맛의 노래를 너와 내가 부른다
어서들 오세요 드셔보세요
함평 한우 비빔밥

어서들 오세요 드셔보세요

함평 한우 비빔밥

작사 : 이성희

작곡 : 이은청

노래 : 전승희

삼겹살 볶음

Verse 1:
소주에 재워진 삼겹살
부드러운 맛과 향이 살아나
지글지글 구워지는 소리
군침이 도는 시간

Chorus:
삼겹살과 양념을 섞어
볶은 삼겹살 구이
맛의 탄생을 노래하며
즐거운 식사 시간

Verse 2:
노릇노릇 구워진 삼겹살
고소한 향이 가득해
상추 쌈에 싸서 먹으면
더욱 진미가 되는 맛

Chorus:
삼겹살과 양념을 섞어

붉은 삼겹살 구이
맛의 탄생을 노래하며
즐거운 식사 시간

Bridge:
된장으로 만든 소스의 향기
삼겹살과 어우러져
상추 쌈에 싸서 먹으면
더욱 진미가 되는 맛

Outro:
삼겹살과 양념을 섞어
붉은 삼겹살 구이
맛의 탄생을 노래하며
즐거운 식사 시간이 계속되길

작사 : 이성희

작곡 : Suno ai

노래 : AI 인공지능

강진만 갯벌탕

작사 이성희
작곡 손창수
노래 소 명

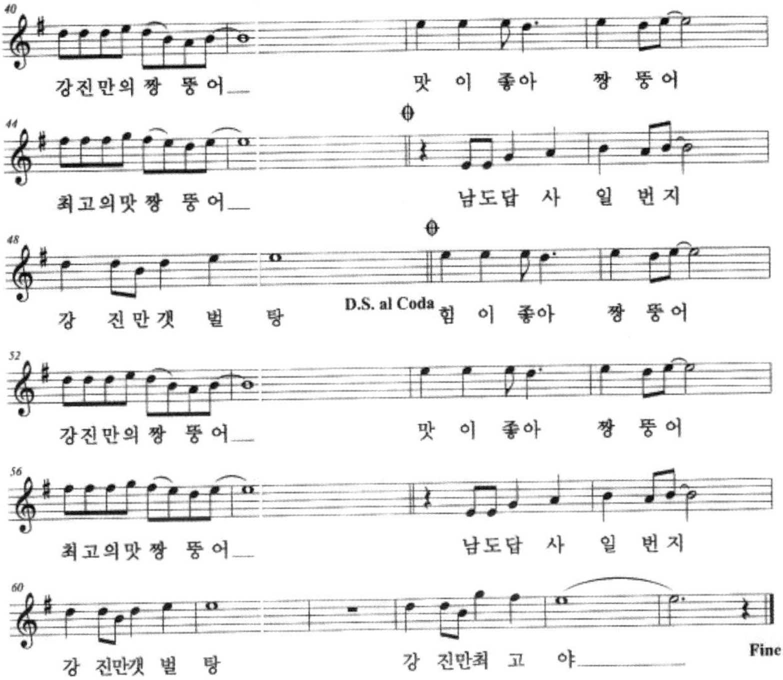
40
강진만의 짱 뚱 어
맛 이 좋아 짱 뚱 어
44
최고의맛 짱 뚱 어
남도답 사 일 번 지
48
강 진만갯 벌 탕
D.S. al Coda
힘 이 좋아 짱 뚱 어
52
강진만의 짱 뚱 어
맛 이 좋아 짱 뚱 어
56
최고의맛 짱 뚱 어
남도답 사 일 번 지
60
강 진만갯 벌 탕
강 진만최 고 야
Fine

엘로우 꽃길

작사 이성희
작곡 손창수
노래 왕소연

옐로우 꽃길

■해설

간결의 묘사와 재미있는 진술의 깊이

이지엽
경기대 명예교수 · 시에그린한국시화박물관 관장

　이성희 시인은 음식 연출가이다. 음식으로 박사학위를 받았고 음식으로 교수를 하고 있으며 음식으로 대한민국 곳곳을 누비며 한국 음식문화를 예술의 차원으로 바꾸는 음식 전령사 역할을 하고 있다. 만드는 음식 모두가 시의 재료이고, 음식 레시피가 시의 얼개와 구성을 이룬다. 특정 지역의 대표적인 음식이 시인의 손끝에서 창조되고, 음식 연출이 되는 자리에서 시 낭송이 이루어지고 음식이 노래로 불린다. 음식으로 시작하여 시와 춤과 노래까지 연출되는 축제의 종합 엔터테이너인 셈이다.

1. 행간을 건너뛰는 간결의 미학

　시는 가장 경제적인 장르이다. 시인은 무엇보다 시라는 장르의 가장 큰 특징인 간결의 미학에 철두철미하다. 돌아가지 않고 직선을 택하는데 행간에는 적지 않는 이야기를 숨긴다. 건너뛰면서도 시상은 결코 끊기지 않는다.

기도 밖에 모르는 어머니
햇전어 앞에서 허둥대는
젓가락질

회 초장이 흰 블라우스에
주르르 흘러내렸다

가을 몇 번 지나면 백살 진지 드실
느린 시계가 된 어머니
새벽 두 시
또 전화벨 울린다

밥 먹었냐
　　　　　　　　　　　　　　　─「밥 먹었냐」 전문

  시적 화자는 어머니에 관한 몇 편의 작품을 쓰고 있는데, 우리는 이 작품들을 통해 시인의 어머니에 대한 각별한 관심과 사랑을 읽을 수 있다. 「밥 먹었냐」 또한 이러한 심경의 일단락을 읽을 수 있는데, 무조건적 찬사가 아닌 어머니의 결점부터 지적하고 나선다. 기도밖에 모르는 어머니, 나이가 아흔이 넘으셨으니 기도를 하는 것만도 축복이다. 그런데 그런 어머니가 "햇전어" 앞에서는 허둥대신다. 맛보고 싶은 마음이 간절하신 까닭이다. 손에 힘이 빠지는 연세가 됐으니 손가락질이 서툴기 그지없지만 마음은 청춘, 앞서가니 허둥댈 수밖에 없다. 서툰 젓가락질에 그만 회 초장이 주르르 곱게 차려입은 흰 블라우스에 흘러내린다.
  주목되는 것은 시적 화자의 기술 태도다. 어머니에 대해 일체의 감정 이입을 하지 않는다. 아주 명료하게 보이는 것만을 기술

한다. 사실 흰 블라우스에 빨간 초장이 묻으니 얼마나 무안한 일이랴. 저런저런, 하면서 안타까워할 만도 한데 오히려 아주 냉정하게 있는 사실만 간명하게 이야기한다. 이어 3연에서도 어머니의 연세를 이야기하고 새벽 두 시에 전화하는 이야기를 적는다. 여기서도 가타부타 다른 이야기는 일절 하지 않고 어머니의 말 한 마디 "밥 먹었냐" 뿐이다. 구순 넘은 어머니가 새벽 두 시에도 묻는 "밥 먹었냐"라는 말에 어머니의 모든 관심이 들어있다. 객지에 있는 자식들이 안부가 실제로는 이 짧은 말에 압축적으로 녹아들어 있는 것이다. 말하자면 이 작품에서 시인은 극도로 절제된 시적 언어를 구사하고 있는 셈이다. 어설픈 감정 이입이 시상을 오히려 흩트리는 것을 시인은 잘 알고 있으며 시가 가져야 하는 간결의 미학이 얼마만큼 중요하다는 것을 절감하고 있는 것이다.

깊은 바다 향
삭힌 사연이 알싸하다

곰삭은 남도의 손길
탁배기 한 사발
덥석 부딪칠 때

톡 쏘는 이 맛
흥취는 저절로

맺힌 가슴 트인다

—「홍어」전문

이 작품 역시 간결의 미학이 잘 드러나는 작품이다. "홍어"는 가장 전라도적인 음식이다. 우선 "홍어"는 냄새로 모든 것을 제압한다. 퀘퀘한 냄새가 온 집안을 지배하는 데 시인은 이를 "깊은 바다 향"으로 압축한다. 더 적절한 표현이 있을 성싶지 않다. 동시에 "홍어는 "삭힌 사연"이 있을 법한 음식이다. 깊은 맛 때문이기도 하지만 뭔가 가슴에 말 못 할 애진 사연이 없는 집안이 몇이나 되겠는가. 그렇게 가물다가 비가 모처럼 와서 밤새워 배추 모종을 밭에 옮겨 심었는데 하루 이틀의 사정없는 비에 모종이 절반 이상 쓸리고 흔적도 없이 사라졌다. 그런데 배춧값이 한 단에 3, 4만 원 한다니 농부의 마음은 얼마나 타들어 가랴. 사연이 있을 수 없는 것이 우리네의 삶이다. 시인은 이런 심경을 "삭힌 사연"으로 압축해 버린다. 그리고 "곰삭은 남도의 손길"들이 "탁배기 한 사발"로 부딪치니 "톡 쏘는 이 맛"에 "맺힌 가슴"이 일시에 "트인다"고 한다. "홍어"는 다른 음식과는 전혀 다르게 "톡 쏘는" 맛이 일품이다. 맺힌 가슴 확 트이는 느낌이 든다. 시인은 우회하지 않고 아주 간결하게 홍어의 진국을 쏙 뽑아내었다.

푹푹 끓여라
그러나
너무 오래는 말고

나도 한때
저 너른 대양
떼거리로 누비던
눈부신 리즈 시절이 있었다

세 치도 안 되는 몸
끓는 물에 던져
입맛을 돋우다니
황송하기만 하다

푹푹 끓여라
너무 오래는 말고
나도
이런 여름밤엔
그런 사랑 한번 해보고 싶다

—「멸치 육수」전문

구성이 잘 된 작품이다. "멸치 육수"를 통해 시인은 결국 자신에게로 시선을 옮겨온다. "나도/ 이런 여름밤엔/ 그런 사랑 한번 해보고 싶다"는 것이다. 그런 사랑은 "멸치 육수"가 그렇듯이 "세 치도 안 되는 몸"이 "입맛을 돋우"는 역할을 하는 희생양의 사랑을 말하는 것이다. 자신의 몸을 기꺼이 던져 다른 누군가를 기쁘게 하는 아가페적 사랑을 의미한다고 볼 수 있다. 음식 만드는 일을 자신의 혼을 불어넣는 작업으로 시인은 알고 있다. 시인은 아낌없이 자신이 가진 모든 것을 다 주면서 음식을 손안에 무르녹인다.

2. 음식에 버무린 삶의 진솔한 이야기들

음식 연출을 하다 보니 자연 음식을 소재로 한 작품이 많다. 레시피 없이도 시를 읽어가다 보면 어느새 요리 방법을 배우게

된다. 그렇다고 지루하게 설명하거나 중언부언하지 않는다. 필요한 말만 적재적소에 놓는 깔끔한 요리다.

가뭄 끝에 창밖에 단비가 내린다

언제든가 어린 자식들에게 먹이려고
냉장고에서 꺼낸 계란 세 알

참기름 바른 뚝배기에 풀어 넣고
우유 맛소금 후추 당근
매우려나 청양고추
갖은양념을 한다
더도 덜도 말고
계란물은 7부만

아이들아
너희들을 기르려면 엄마는 강불이 되어야 한다
기골이
갖추는 순간 불을 줄이마

어느덧 너희들은 부푼 풍선이 되어 훨훨
먼 미국 땅에 둥지를 틀고 어엿한 교수로 화가로
너희 영역을 만들었구나

이제 우리 만나면 보들하고 야들한
엄마의 이 계란찜 먹으며
어린 시절을 이야기하자

어느새 계란찜에 쪽파 고명을 얹어야겠다

아직 창밖의 비는 그치지 않는다
— 「계란찜을 만들며」 전문

「계란찜을 만들며」에는 계란찜을 만드는 레시피가 그대로 들어있다. 준비물은 계란 세 알, 참기름, 우유, 맛소금, 후추, 당근, 청양고추, 물 등이다. 순서는 참기름 바른 뚝배기에 계란 3개 풀어 넣고 갖은 양념을 한다. 계란물은 7부만 강불에 졸이다가 기골이 갖춰지면 약불로 한다. 마지막에 쪽파 고명을 얹는다. 시인은 이 계란찜 요리를 하면서도 아이들 이야기를 삽입한다. 그냥 형식적인 것이 아니라 서사를 가진 이야기를 요리에 양념을 첨가하듯 가벼운 터치로 기술한다. 미국 땅에 건너가 성장하여 자리 잡은 아이들과 보들하고 야들한 계란찜을 먹으며 이야기를 나누자는 것이니 얼마나 자연스러운가. 음식 이야기지만 살아가는 삶에 대한 이야기인 셈이다. 묘사가 중심이지만 시인은 계란찜을 통해 정말 중요한 진술적 표현을 하는데 그것은 다름 아닌 "아이들아/ 너희들을 기르려면 엄마는 강불이 되어야 한다"는 것이다. 그렇지만 항용 강불이 아니라 "기골이/ 갖추는 순간 불을 줄"여야 한다는 것이다. 살아가는 삶에도 강함과 약함이 안배되어야 함을 시인은 음식 이야기를 통해 자연스레 보여주고 있는 것이다.

여보, 우리 여름 보약
먹을까

고구마순 나물을
그이 앞에 내놓는다

여름살이에 입맛 없다던 그이

빨간 고구마순
껍질을 벗고 데쳐
부들하게 나물로 무쳐낸다

잔손질의 섬유질 덩어리 구수한 나물 한 젓가락
밥 위에 얹는다

화평한 식탁을 마련했던 선조들의 지혜가 여름을 이긴다

담 너머 느티나무에서
매미가 와악 울어 제낀다
　　　　　　　　　　—「고구마순 나물—여름 소울푸드」 전문

　이 작품에도 '고구마순 나물' 음식에 대한 레시피는 물론 이 음식이 갖는 특징에 대해 기술한다. '고구마순 나물'은 잔손질이 많이 가는 음식이다. 일일이 고구마 순 껍질을 벗겨내야 하는데 "섬유질 덩어리 구수한 나물"이라 쉽게 포기할 수 없는 매력을 지닌 음식이다. 여름에는 좀체 입맛이 없는데 남편을 등장시켜 재미성을 가미하고 있다. 도입부터가 다감하게 대화체로 말문을 열고 부부만의 화평한 식탁으로 그치지 않고 "선조들의 지혜"로 연결시키고 있어 시상의 전개가 자연스럽다. 마지막 연에서는 음식과는 상관없어 보이는 매미 울음을 적고 있는데 이 또한 시의 마지막 처리가 어떻게 되어야 하는지를 염두에 둔 표현이라고 볼 수 있다.

    아침 밥상에 해가 뜬다
    달짝지근한 푸른
    섬초 사이로
    계란 후라이 한 개

    몸속의 어둠을 쫓아낸다
    내 몸이 두둥실 환자위에 실려 떠간다

    자택 치료 중인 코로나 블루
    쓰윽 밀어내는 태양의 눈
    치료약 처방제 계란 후라이 한 개가
    마른 굴비 눈을 가란다

    온몸으로 견뎌낸 하루가
    나를 만들어간다
    어제 하루 귀를 씻을 일은 없었다

    내일 아침 밥상에도 희망의 해가
    어김없이 뜰 것이다

    저 태양의 눈
    나의 몸을 지켜줄 수호천사

    검은 옷칠 젓가락으로 집어든다
    내 단전의 힘을 믿는다

    백련 뿌리 숭숭한
    구멍 속으로 아침 밥상에 해가 뜬다

―「일출」 전문

  시인은 음식으로 연출을 하는 직업을 가지고 있다. 말이 연출이지 등장인물인 음식은 물론 분장 및 무대 디자인까지를 총괄하는 감독 역할까지 수행해야 하므로 눈코 뜰 새 없이 바쁜 직업이다. 그런데 이 작품을 보면 이 시인이 어느 정도의 직업의식에 충실한지를 가늠해 볼 수 있다. 해가 뜨는 것을 "아침 밥상에 해가" 뜨는 것으로 보는데 "달짝지근한 푸른/섬초 사이" "계란 후라이 한 개"로 잡아내고 있기 때문이다. 비록 지극히 작은 음식이지만 "코로나 블루/ 쓰윽 밀어내는 태양의 눈"이고 "나의 몸을 지켜줄 수호천사"이며 "내일 아침 밥상에도 희망"을 전해줄 햇살이다. "단전의 힘"인 동시에 "몸속의 어둠을 쫓아"내는 존재로 보면서 계란 후라이에 대한 예찬론을 편다.

    만덕산에 두견이 우는 춘삼월
    냉이 된장무침 두릅 막걸리 초장이 향그럽다
    누가 행여 몸 상할까 보릿국과
    밥 한 숟가락을 넣은 낙지탕탕이
    스치는 봄바람 결도 입맛을 돋운다

    저 먼바다 물결이 반짝인다

보리밥 반섞이 보리 열무김치 풋고추
누가 행여 여름살이 더위 먹을까
바지락회무침 우무채 밥상에 올렸을까

구강포의 가을 갈대 서걱이면
노을 내린 가우도 황가오리회 맛본 사람
어찌 강진의 가을 밥상을 잊겠는가
전어구이 내음에 사람들이 골목길을 채운다

눈 내리는 탐진강 개어귀에 서면
임금님 제사상에 올랐다는 목리장어구이
이 손맛 어진 사람 또 누굴까
따끈한 갯벌탕으로 응어리 녹여주는 사람은…

다산의 밥상에는 인의예지신仁義禮智信 놓이더니
사계절 절의와 애민愛民의 꿈이 차려지고
살맛 나는 사람들의 웃음소리
민초들 등 어루만지는 따사한 이야기 소리 정겹다
　　　　　―「다산茶山 밥상을 차리며」 전문

　시인은 언제가 강진의 대표적인 음식으로 "다산의 밥상"을 이야기한 적이 있다. 나는 그것이 평범한 음식이 아닌 다산만의 특성이 잘 나타나는 음식이 몇 가지 들어가면 좋겠다는 이야기를 한 적이 있다. 아마도 "바지락회무침" "우무채" "가우도 황가오리회" "목리장어구이" 정도면 충분하지 않을까 싶다. 말하자면 어떤 음식으로 조화롭게 상차림을 하느냐가 무엇보다 중요한 일일 텐데 시인은 이런 음식에 4계절의 배경까지 얹어 철마다 운치 있는 음식으로 각기 다른 "다산의 밥상"을 그려낸다.

- 만덕산에 두견이 우는 춘삼월-냉이 된장무침 두릅, 막걸리 초장
- 먼바다 물결이 반짝이는 여름-보리열무김치 풋고추, 바지락회 무침, 우무채
- 갈대 서걱이는 구강포의 가을-가우도 황가오리회, 전어구이
- 눈 내리는 탐진강 개어귀-목리장어구이

다산의 밥상이 계절마다 다른 음식을 차린다면 아마 그것 자체가 이슈가 될 법하다. 이것이 만약 강진군의 영업전략과 맞아떨어진다면 관광 상품으로 개발해봄 직도 하다. 「장흥 삼합」에서는 "정남진 바닷바람 장흥 천지 휘감아/ 물안개 아련하게 어머니 품처럼 감"싸는 장흥을 그려내면서 홍어 삼합과는 전혀 다른 "장흥 삼합 브랜드"를 그려낸다. "키조개의 쫄깃하면서도 고소한 식감/ 한우의 질 좋은 단백질 공급원/ 표고버섯의 고소한 풍미/ 비타민과 미네랄" 즉 "키조개, 한우, 표고버섯으로 조합한/ 영양 덩어리" "장흥 삼합"의 매력을 실감 나게 형상화한다.

3. 영원한 고향, 아버지와 어머니

누군들 부모님에 대한 애정이 각별하지 않겠느냐만 시인에게 부모님은 영원한 고향 이상 의미를 갖고 있다. 일련의 작품을 통해 시인은 간절한 마음을 섬세하게 담아낸다.

오월
어머니께 바친

흰 고봉밥 꽃피는
뜨락이 정겹다

우리 웃음꽃이 제일
행복하다고 따라 웃던
어머니

오월
푸른 산그리메가
눈동자에 어린다

불두화 꽃 흔들리는
오월이면
더 절절한 어머니

신부가 저만치 부케를
한 아름 안고 웃으며 걸어온다

―「불두화는」 전문

    시인의 어머니에 대한 사랑이 절로 느껴지는 작품이다. "불두화"는 시인에게 어머니를 상징하는 꽃으로 그려지고 있다. 「불두화 정원」에서 불두화는 "곱슬곱슬한 머리/연초록 흰색 누런빛/ 저고리 갈아입고/ 어머니 부처님 만나시는 날 때쯤/ 다정 다정 고개 끄덕이며 오시는 꽃"이기 때문이다. 그 어머니를 시인은 5월의 부케를 한 아름 든 신부를 형상화한다. 그 5월은 "자리에 누운/ 어머니를 위해/ 잉어를 잡아 들고 오는/ 막냇동생이/ 불두화 꽃을 헤치고/ 걸어 오는 오월"(「불두화 정원」)로 그려지고 있어 애틋하기까지 하다. 어머니는 그러나 그런 음식보다도 "우리 웃음꽃이 제일/ 행복하다고" 한다. 그래서 오월은 시인에게 더 각별한 의미로 다가오고 "푸른 산그리메가/ 눈동자에 어"릴 정도로 어머니를 지극하면서도 절절하게 생각하는 것이다.

    역시 여름철이면
    콩물국수 한 그릇
    엄지 척이다

    열무김치와 곁들어 먹으면 그만이다
    더위 피하는데 더 좋은 피서 전략이 있을까

    풍미 더할 볶은 땅콩
    깨를 슬쩍
    걸쭉하고도 묽은 사랑 한 스푼

    밭에서 나는 소고기로
    단백질을 충전하는 여름살이에 콩물 엄지 척이다

    내 어머니 콩물 레시피
    나의 살과 뼈를 만들었다

    이 여름 친정집 감나무 그늘 평상에서
    별미 콩물국수 호르륵 면치기하고 싶다
                             —「콩물」전문

「콩물」은 음식의 이야기지만 가족사에 대한 작품으로 분류한 이유는 "내 어머니 콩물 래시피/ 나의 살과 뼈를 만들었다"는 대목 때문이다. 아마 시인이 음식에 대한 특별한 감각은 어머니로부터 물려받은 "콩물 레시피" 때문이 아닐까. 콩물국수 한 그릇이긴 해도 열무김치가 있어야 제맛을 내니 어머니는 열무김치를 동시에 담갔을 것이다. 시인은 어머니가 해준 콩물국수 한 그릇을 먹으면서 "풍미 더할 볶은 땅콩 / 깨를 슬쩍 / 걸쭉하고도 맑은 사랑 한 스푼"까지 연출하는 멋을 덤으로 전수 받았음이 분명하다.

어버이날 생각난다
아버지의 소갈비
월급쟁이 자식들을 생각해서
한 푼 두 푼 모아
칠 남매 맛보게 하던
아버지의 마음

아버지 떠오르자 멍멍해진다
13년이 흘렀어도
마지막 유언이 귓가에 떠돈다

"고맙다 기호 에미야 고맙다"

언제까지 배워야 한다며
학도노學到老를 실행하던 아버지

큰절드리고 싶다

오늘 짚불구이 먹으며
목이 메어 넘기질 못했다

아버지와 자주 가던 그 식당
점심 식탁에 오월 바람이 싱그럽다

― 「짚불구이」 전문

「짚불구이」는 사연이 있는 음식이다. 아버지가 즐겨 드시던 음식이지만 정작 당신은 못 드시고 "한푼 두푼 모아/ 칠 남매 맛보게 하던" 음식이다. 아버지와 자주 가던 식당에서 시인은 짚불구이를 먹으면서 목이 메어 넘기질 못한다. 아버지의 마음을 이제는 훤히 읽을 수 있는 나이가 든 탓이다. 과감히 한 행을 독립된 연으로 처리한 것이 주목된다. "고맙다 기호에미야 고맙다"에서는 아버지의 기억에 남은 말이, "큰절드리고 싶다"에서는 화자의 간절한 마음이 연을 건너뛰면서 중요한 역할을 수행한다. 돌아가신 아버지에 대한 회고를 담고 있어 우울한 분위기일 수밖에 없는 상황을 역동적이면서 생생하게 살아 숨 쉬는 공간으로의 전이 역할을 하고 있다고 판단된다.

4. 한국적인 서정성과 순수성

이성희 시인의 작품 기저 자질은 한국적인 서정성을 바탕으로 하고 있다. 동시에 순결한 정신을 추구한다. 백지와도 같은 순수성이 있어서 마음을 편하게 한다. 아마 그렇기만 하다면 가벼울 수 있는데 시인의 작품은 읽고 난 후의 잔영은 잔잔하게 여운을 주는 점에 특장이 있다. 시에 있어서 진술의 묘미를 잘 파악하고 있는 시인이며 시를 어떻게 끝내야 하는지를 잘 알고 있는 시인이다.

밤새 눈이 퍼부었다

팔 벌려 눈 받아 안던 소나무

한 팔을 와지끈 부러뜨렸다

삶도 이처럼

시간이 익어간다

사람도 상처를 받으며 익어간다

아직 눈은 그치지 않고

섣달 바람이 환지통을 스쳐간다

—「폭설」 전문

밤새 폭설이 내리고 그것을 온몸으로 받아내던 소나무의 한 팔이 와지끈 부러지는 것을 보고 우리의 삶을 치환해 낸다. 정말 그렇지 않은가. 소나무가 눈을 맞아 한 팔이 부러지는 것처럼 우리 인생도 그런 상처를 겪으며 살아가는 법이다. 앞의 3행이 묘사라면 뒤의 3행은 진술이다. 주지하다시피 시에 있어서 묘사

description와 진술statement은 매우 중요한 두 축이다. 좋은 시는 묘사와 진술의 절묘한 조화에서 탄생된다. 묘사에 치중한 시는 산뜻해서 보기는 좋지만 깊은 맛이 덜하기 마련이다. 묘사는 언어를 회화적인 방향으로 명료화시킨다. 가시적可視的, 제시적提示的, 감각적感覺的이다. 그러나 진술은 언어를 사고의 깊이로 체험화시킨다. 사고적思考的, 고백적告白的, 해석적解釋的이다. 소나무의 와지끈 부러지는 것은 묘사지만 그 상처가 인간의 삶에도 이어지는 것은 진술이다. 시의 깊이는 여기에서 형성된다. 이어 마무리에서 시인은 이를 자신의 삶과 절묘하게 연결한다. 학생들을 교육 현장에서 가르치면서 동시에 음식이 시연되는 현장 곳곳을 누비며 음식 연출을 하면서 살아가는 삶은 늘 환지통을 안고 살아가는 것이나 진배없기 때문임을 절감하고 있기 때문이다.

　　만지작만지작
　　오죽과 청죽의 대나무 석작
　　어느 것을 사는 것이 좋을까
　　대나무 석작은 격이 있는
　　선물을 담기에 알맞다

　　생각난다
　　어릴 적에 어머니가 초파일이나
　　설, 보름, 추석을 쇠고
　　절에 가실 때 석작에
　　쌀을 넣어 가시어
　　오실 때는 떡이며 과일 몇 개를 넣어 오시는

엄마를 기다리던
어린 마음이 가득
꿈빛으로 넘쳤다

선물은 예의가 있어야지
장인의 마음이 담긴
석작에
정성껏 만든 연잎 영양밥을
사랑하는 아들의 여자 친구에게
보내는 마음

어머님이 부처님께
바치는 공양물인 양
성스럽기까지 하다

―「석작 이야기」 전문

 먹음직한 음식을 어떤 그릇에 담을까 하는 것도 음식 연출의 중요한 요소이기에 시인은 석작의 품격을 안다. 석작은 대나무로 만든 뚜껑이 있는 바구니로 과거에는 주로 혼인 때 이바지 음식이나 폐백음식을 담아가거나 근친親갈 때, 제향祭享에 쓸 삼실三實果·편·제수祭需용 찬품饌品 등을 담는데 사용한 고급 그릇에 속한다. 화자는 직접 만든 연잎 영양밥을 아들의 여자 친구에게 보내면서 이 석작을 사용하였으니 얼만큼 음식의 격조를 중시하는지를 알 수 있다. 석작은 대나무의 주산지인 전남 담양을 중심으로 발달되었는데, 3합슴, 5합이라 하여 크기가 다른 3개, 5개를 한 조組로 구성하곤 한다. 아마 음식을 연출하는 사람이 아니라면 구태여 이런 번거로움을 택하지 않았을 것이다. 귀한 음식을 석작에 담아내는 모습은 시의 서정성과 순수성을 지키려는 마음에 견줄 수 있을 것이다.

앞에서도 강조한 바 있지만 이성희 시인은 작품의 끝내기에 있어 여운을 상당히 강조하는 시인이다. 「일출」에서 "백련 뿌리 숭숭한/ 구멍 속으로 아침 밥상에 해가 뜬다"라든지,「불두화 정원」에서 "곱슬곱슬한 머리/ 연초록 흰색 누런 빛/ 저고리 갈아입고/ 어머니 부처님 만나시는 날 때쯤/ 다정다정 고개 끄덕이며 오시는 꽃"이라든지,「고구마순 나물」에서 "담 너머 느티나무에서/ 매미가 와악 울어 제낀다"라는 표현들은 한 방향으로만 가기보다는 다른 방향이나 엉뚱한 방향으로의 전환을 통해 독자의 시선을 끝까지 잡아두려는 고차원적인 기법으로 보인다. 시의 긴장을 끝까지 유지하려는 차원 높은 서정성과 진지함이 엿보이는 대목이다.

이성희 시인의 작품세계는 음식을 떠나서는 생각하기 쉽지 않다. 이제 첫 시집인 만큼 앞으로 어떤 시세계를 구축해 가는 것이 바람직할까. 여기에 단초를 보여주는 작품을 소개하며 이글을 맺고자 한다.

> 입술과 입술 사이 가슴과 가슴 사이에서
> 천둥번개가 내리친다
>
> 입술에 솟는 헛바늘 가슴에 심어지는 몽돌
> 이럴 땐 조용히 눈을 감아본다

돋아 솟는 혓바늘과 심어지는 몽돌이
각기 따로 놀 때
내 모습 보기 위해 거울을 보면
혓바늘은 보이는데 가슴 속 몽돌은
볼 수 없다

보이는 것은 사라질 수 있다는
그러나 볼 수 없는 것은 사라지지 않고
사이와 사이에 스며드는 시간 속 세월로
서로의 굳어진 앙금을 헤아리고

상처와 아픔이 몽돌 크기를 재듯
고요히 사색하는
어둠의 침실 안으로 자라나는 가지가
감은 눈 속으로 파고들면
사이와 사이에 불던 훈훈한 바람을 생각한다

그 바람 불던 지난날 속에서 내일을 꿈꾸던
별처럼 흐르는 은하수를 생각하다 그만
아려오는 가슴에 양 주먹을 두드린다

그렇게 양 주먹으로 가슴을 안마하면
사이와 사이에 헤아리지 못하는
뇌성의 세계가 잠재하나
사랑하는 사람의 그림자를 움켜쥔 채
햇볕을 쬔다

—「사이와 사이의 세계」전문

"입술과 입술 사이 가슴과 가슴 사이에서/ 천둥번개가 내리친 다"는 것은 가슴이 울울하여 콱 뱉어버리고 싶은 말이 있다는 것 일 게다. 그러나 시인은 "입술에 솟는 헛바늘" 대신에 "가슴에 심 어지는 몽돌"로 지그시 누른다. "조용히 눈을 감아"보며 자신을 돌아본다. 그러나 세상은 참으로 묘한 것이어서 "보이는 것은 사 라질 수 있"고, "볼 수 없는 것은 사라지지 않"는 경우가 있다. 이 난감함을 어떻게 극복해 나갈 것인가. "사이와 사이에 스며드는 시간 속 세월로/ 서로의 굳어진 앙금을 헤아리"는 일은 생각만큼 쉽지 않다. 시인은 둘 사이의 극복을 위해 안간힘을 쓴다. "훈훈 한 바람"과 "아려오는 가슴" 사이에 수많은 번민과 갈등을 묻는 다. 그것을 웬만큼 견디고 나서야 햇볕을 쬐는 시인의 모습은 아 름답다.

그러나 이 작품이 단지 입술과 가슴 사이에만 존재하지 않는 다는 것에 큰 의미가 있다. 입술과 가슴 사이는 크게는 이항 대 립적인 세계와 맞닿아 있기 때문이다. 자연과 문명, 여자와 남자, 기표와 기의의 관계가 그렇지 않은가.

정리하자면, 이번 시집은 지금까지 시인이 시적 대상으로 삼 은 외면보다는 정신의 내면을 읽어내는 시집이라고 판단된다. 음식으로 치자면 깊이 있는 전라도 젓갈이 주는 재미와도 같은 것이다. 시인의 작품세계는 이러한 내면 읽기를 통해 더욱 깊어 질 것이라 판단한다.

고요아침 운문정신 073

음식과 연출 그리고 시

초판 1쇄 발행일 · 2024년 10월 25일

지은이 | 이성희
펴낸이 | 노정자
펴낸곳 | 도서출판 고요아침
편　집 | 정숙희 김남규

출판 등록 2002년 8월 1일 제 1-3094호
03678 서울시 서대문구 증가로 29길12-27, 102호
전화 | 302-3194~5
팩스 | 302-3198
E-mail | goyoachim@hanmail.net
홈페이지 | www.goyoachim.com

ISBN 979-11-6724-216-7(04810)

*책 가격은 뒤표지에 표시되어 있습니다.
*지은이와 협의에 의해 인지는 생략합니다.
*잘못된 책은 교환해 드립니다.

ⓒ **이성희, 2024**